BEI GRIN MACHT SICH I
WISSEN BEZAHLT

- Wir veröffentlichen Ihre Hausarbeit,
  Bachelor- und Masterarbeit

- Ihr eigenes eBook und Buch -
  weltweit in allen wichtigen Shops

- Verdienen Sie an jedem Verkauf

Jetzt bei www.GRIN.com hochladen
und kostenlos publizieren

Bibliografische Information der Deutschen Nationalbibliothek:

Die Deutsche Bibliothek verzeichnet diese Publikation in der Deutschen National-
bibliografie; detaillierte bibliografische Daten sind im Internet über http://dnb.d-
nb.de/ abrufbar.

Impressum:

Copyright © 2006 GRIN Verlag, Open Publishing GmbH
Druck und Bindung: Books on Demand GmbH, Norderstedt Germany
ISBN: 9783640475957

Dieses Buch bei GRIN:

http://www.grin.com/de/e-book/138603/business-rules-modellierung-von-
geschaeftsregeln

Albert Holstein

Business Rules: Modellierung von Geschäftsregeln

GRIN Verlag

GRIN - Your knowledge has value

Der GRIN Verlag publiziert seit 1998 wissenschaftliche Arbeiten von Studenten, Hochschullehrern und anderen Akademikern als eBook und gedrucktes Buch. Die Verlagswebsite www.grin.com ist die ideale Plattform zur Veröffentlichung von Hausarbeiten, Abschlussarbeiten, wissenschaftlichen Aufsätzen, Dissertationen und Fachbüchern.

Besuchen Sie uns im Internet:

http://www.grin.com/

http://www.facebook.com/grincom

http://www.twitter.com/grin_com

Universität Siegen
Institut für Wirtschfatinformatik

Business Rules:

Modellierung
von
Geschäftsregeln

Vorgelegt am 01.11.2006

Inhaltsverzeichnis

3

Abbildungsverzeichnis

1. Einleitung

Regeln sind einer der wichtigsten Bestandteile unseres Lebens. Sie ermöglichen ein Zusammenleben auf möglichst konfliktfreiem Niveau, legen fest was erlaubt und was verboten ist, man muss sie beachten und diesen folgen und vieles mehr. Die Regeln sind in allen Bereichen unseres Lebens zu finden, wie Verkehrsregeln beim Autofahren oder Spielregeln beim Fußball. Genau so haben auch verschiedene Unternehmen ihre Regeln, die bestimmte Sachverhalte festlegen. In diesem Zusammenhang wird von den Geschäftsregeln gesprochen, die in jeder Organisation existieren und für Aufgabenerfüllung verantwortlich sind, indem diese die zulässige Vorgehensweise festlegen oder diese zumindest eingrenzen.

Die Unternehmen sind einem ständigen Wettbewerb ausgestellt und werden damit konfrontiert, dass sie ihre laufenden Prozesse optimieren müssen, um immer wachsenden Ansprüchen auf dem Markt gerecht und somit auch konkurrenzfähig bleiben zu können. So werden auch die Geschäftsregeln, von denen oben die Rede war, optimiert, indem diese mit Hilfe von Computerprogrammen modelliert werden.

Diese Arbeit ist wie folgt aufgebaut: zunächst wird im Kapitel 2. auf die Definition der Begriffe eingegangen und weiter im Kapitel 3. die Modellierung und Ihre Möglichkeiten dargestellt, wobei auf die Modellierung mit ECAA-Notationen und auch mittels EPK näher eingegangen wird. Abgeschlossen wird diese Arbeit mit einem Fazit (Kapitel 4.) in dem auch ein weiterführender Ausblick folgen wird.

2. Begriffliche Abgrenzung und Definition

In folgendem Kapitel werden zunächst die wichtigsten Begriffe definiert, die im Laufe der Arbeit verwendet werden. Damit werden mögliche Missverständnisse ausgeräumt, die mit zahlreinen verfügbaren Definitionen möglicherweise zusammenhängen können.

Zunächst werden die Geschäftsregeln definiert (Kapitel 2.1.) und ihre Klassifikation (Kap. 2.1.1.) und Komponenten (Kap. 2.1.1.) beschrieben, danach der Begriff Modellierung (Kapitel 2.2.) erklärt.

2.1. Geschäftsregeln

Geschäftsregeln oder englisch Business-Rules sind in jeder Organisation existieren-
de für die Aufgabenerfühlung Regeln, die zulässige Vorgehensweise entweder festlegen oder diese doch zumindest eingrenzen. Diese Regeln ergeben sich aus ethi-
schen und kulturellen Normen, aus rechtlichen Vorgaben oder auch aus innerbetrieb-
lichern Festlegungen. Diese Geschäftsregeln sind teilweise in Organisationshandbü-
chern festgehalten (explizite Regeln). Implizit geltende Regeln sind Bestandteil der
Know-hows der Mitarbeiter. Bei der Entwicklung der computergestützten Informationssysteme muss ein Teil dieser Regeln in den Anwendungsprogrammen bzw. in
den Datenbanksystemen abgelegt werden. Das Ablegen von Regeln in Datenbanksystemen wird insbesondere durch aktive Datenbanksysteme unterstützt. Im Grundsatz lässt sich jede Geschäftsregel durch die drei Basiselemente (dazu mehr in Kapitel 2.1.2.) Ereignis, Bedingung und Aktion beschreiben [StEG97].

Ein einfaches Beispiel aus dem Bereich Telekommunikation:
'''WENN'''
    das Telefonat länger als 30 Minuten gedauert hat
"UND" das Telefonat zwischen 18:00 Uhr und 24:00 Uhr geführt wurde
"UND" der Tarif des Besitzers "Student 30+" heißt
'''DANN'''
    wende 10% Rabatt auf das geführte Telefonat an.

Für die Definition vieler ähnlicher Regeln kann auch eine Entscheidungstabelle verwendet werden. Solche Regeln bilden die Grundlage für Regelbasierte Systeme und
werden im weiteren Sinne dem Spezialgebiet der künstlichen Intelligenz zugerech-
net.

2.1.1. Klassifikation von Geschäftsregeln

„Geschäftsregeln sind wesentlicher Bestandteil des Aufbaus von Organisationen
bzw. der in ihnen stattfindenden Abläufe. Diese Regeln schreiben vor, wie die Ge-
schäftsabwicklung zu erfolgen hat, das heißt sie beinhalten Richtlinien und Ein-

schränkungen bezüglich der in Organisationen existierenden Zustände und Geschäftsprozesse" [HeKn95]. Mit Hilfe von Regeln können die unter bestimmten Bedingungen auszuführenden Aktivitäten und die sie auslösenden Ereignisse in Beziehung gesetzt werden. In diesem Sinne können Geschäftsprozesse auf der Grundlage von Geschäftsregeln beschrieben und ausgeführt werden.

Dementsprechend können Geschäftsregeln in folgende Kategorien aufgeteilt werden: *Einschränkung:* eine Aussage über ein Geschäft, das immer wahr sein muss. Zum Beispiel ein Kreditlimit eines Kunden bei Bestellungen zum keinen Zeitpunkt überschritten werden kann.

Ableitung: wenn aus der alten (bekannten) Informationen neue Informationen abgeleitet werden. Zum Beispiel bei einem Kunden wird aufgrund der früher gewonnenen Informationen entschieden, ob und in welcher Höhe ihm ein Rabatt zusteht.

Prozessregel: wenn eine bestimmte Aktion ausgeführt werden kann oder auch nicht, nachdem eine Situation aufgetreten ist. Zum Beispiel bestellte Ware darf nur dann ausgeliefert werden, wenn diese bezahlt wurde [SchM06].

2.1.2. Komponenten der Geschäftsregeln

Im Bereich aktiver Datenbanksysteme werden Regeln oft durch die drei Komponenten „event", „condition" und „action" (Ereignis, Bedingung und Aktion) beschrieben, woraus sich die Bezeichnung als ECA-Regel ableitet.

ON	*Event*
IF	*Condition*
Then DO	*Action*

Abb. 1 ECA-Regel

Im Folgenden werden diese Komponenten kurz und knapp erläutert. Ausführlicher wird auf das Thema im Kapitel 3.2. eingegangen.

Ereignis

- Phänomen, das durch sein Auftreten eine relevante Situation beeinflusst

- Eintreten eines Ereignisses ist nicht zeitkonsumierend bezüglich des Prozesses
- Ereignisse können die Ausführung einer Geschäftsregel bewirken

Bedingung

- formuliert, welcher Zustand vorliegen muss, damit eine bestimmte Aktion ausgeführt wird.
- Prüfung der Bedingung erfordert eine Aktivität eines Akteurs - ist zeitkonsumierend
- optionaler Bestandteil der Geschäftsregel, die als Spezialfall einer Aktion aufgefasst werden kann:
- Ressourcen werden nur abgefragt, aber nicht erzeugt, verändert oder gelöscht
- Ergebnis der Prüfung einer Bedingung ist immer ein Wahrheitswert
- nach einer Bedingung erfolgt innerhalb der Geschäftsregel immer eine XOR-Verzweigung zu einer Aktion

Aktion

- durch physische oder geistige Aktivitäten zu erzeugende Leistung
- Beendigung einer Aktion löst wiederum ein Ereignis aus.

2.2. Modellierung

Modelle werden hier als Abbilder eines Untersuchungsbereichs verstanden, die durch Abstraktion von Sachverhalten zustande kommen. In meist semi-formaler oder formaler Form werden mit ihnen die als relevant erachteten Komponenten dieses Bereichs sowie die Beziehungen, die zwischen diesen bestehen, beschrieben. Die Ergebnisse von Untersuchungen anhand eines Modells sollen in den relevanten Komponenten mit dem Ergebnis übereinstimmen, das eine Untersuchung des realen System ergeben würde [Troi90]. „Modelle, die aufgrund der Abstraktion mehreindeutig sind und die Struktur des realen Systems in der Abbildung erhalten, werden als homomorphe Abbilder bezeichnet" [Riep92].

In der Informatik werden die Datenstrukturen aus der Wirklichkeit in einem Datenmodell abgebildet. Dieses so genannte konzeptionelle Datenmodell ist frei von jeglicher Technik und erweist sich als kommunikativ für Entwickler und Anwender.

In der Wirtschaftsinformatik beschreiben die Modelle reale Systeme, aber die Mittel, die zur Beschreibung der Modellierung verwendet werden, sind hauptsächlich der

Informatik entliehen. Der Unterschied liegt darin, dass die Wirtschaftsinformatik-Modelle nicht auf dem formalen Modell der Software stützen, sondern mehr auf real-weltliche betriebliche oder auf verwaltungsbezogene Prozesse, Objekte und Organisationen.

Grundsätze der ordnungsgemässen Modellierung

Welche Methoden bei der Prozessmodellierung verwendet werden, wird einerseits durch deren Einsatzzweck und andererseits durch die Anforderungen der Modell-Adressaten beeinflusst.

Allgemein sollten bei jeder Modellierungsaktivität die Grundsätze der ordnungsgemässen Modellierung eingehalten werden:

- *Grundsatz der Richtigkeit:* Das Modell muss den abzubildenden Sachverhalt korrekt wiedergeben.

- *Grundsatz der Relevanz:* Alle im Hinblick auf den Modellierungszweck relevanten Sachverhalte müssen in dem Modell abgebildet sein.

- *Grundsatz der Wirtschaftlichkeit:* Die Modellierungsaktivitäten müssen in einem angemessenen Kosten-Nutzen-Verhältnis stehen.

- *Grundsatz der Klarheit:* Abhängig von dem Empfängerkreis muss das Modell so erstellt werden, dass es von den Empfängern auch verstanden wird.

- *Grundsatz der Vergleichbarkeit:* Zwei mit derselben Methode modellierten Modelle sollten miteinander vergleichbar sein.

- *Grundsatz des systematischen Aufbaus:* Die verschiedenen Sichten des Modells sollten miteinander im Einklang stehen, das heißt über wohldefinierte Schnittstellen zu korrespondierenden Modellen bzw. Sichten verfügen [BeRo95].

3. Modellierung von Geschäftsregeln

Aktives Geschäftsprozessmanagement ist in der heutigen Zeit unerlässlich. Für agile Prozesse spielen Geschäftsregeln zur Steuerung und Ausführung von Prozessabläufen eine zentrale Rolle. Durch die Integration der Modellierung und Verwaltung von Geschäftsregeln können Unternehmen ihre Effizienz steigern. Wenn die Prozesse entsprechend gepflegt und optimiert werden, sorgen sie für Wettbewerbsvorteile, können flexibel auf Marktanforderungen reagieren und sich das Überleben am Markt sichern.

Einige Vorteile sind kurz zu benennen:

- *Komfortables Regeldesign* umfasst transparente Geschäftslogik, Erfassung von Geschäftslogik in natürliche Sprache und frühzeitige Identifizierung und Korrektur von fehlerhaften Regeln.
- *Erhöhte Reaktionsfähigkeit* beinhaltet prozessunabhängige Anpassung von Regeln und prozessinterne und -externe Wiederverwendung von Regeln.
- *Schnellere Prozessausführung* wie gemeinsame Methodensprache in Fachabteilung und IT, parallele, modellgesteuerte Entwicklung von Prozessen und Regeln sowie automatisierte Transformation von Prozessmodellen und Geschäftsregeln in ausführbaren Code.

3.1. Modellierung allgemein. Theorie und Praxis

In diesem Kapitel handelt es sich um regelbasierte Modellierung von Prozessen. Es ist von grossem Vorteil, wenn die Modellierung und Entwicklung regelbasierten Systeme aus betriebswirtschaftlicher Sicht auch regelbasiert vorliegt. Einerseits wird die Geschäftslogik als expliziter Betrachtungsgegenstand zu Beginn der Analyse in den Vordergrund gerückt, anderseits wird auch dadurch eine stärkere Strukturierung der Prozessmodelle ermöglicht. So wird die Modellierungssicherheit verbessert und Vergleichbarkeit der Modelle ermöglicht.

„Die Modellierungsmethode soll einerseits die semi-formale Beschreibung von Prozessen, andererseits aber auch deren mehrstufige Detaillierung ermöglichen. Ein kontrollierter Übergang von semiformalen zu formalen Darstellungsformen muss unterstützt werden. Dabei ist die Methodeneinheitlichkeit von besonderer Bedeutung" [Hohe00]. „Die gleiche Problematik besteht, wenn Unternehmen, die im Rahmen einer unternehmensübergreifenden Wertschöpfungskette kooperieren, ihre Teilmodelle miteinander verknüpfen wollen. Dies setzt in der Regel voraus, dass eine einheitliche Methode für die Modellierung verwendet wurde, was einen hohen Abstimmungsaufwand zwischen den Unternehmen erfordert und die Flexibilität hinsichtlich eines Wechsels von Kooperationspartnern einschränkt" [SchA99]. Diese Methode soll eine einheitliche Modellierungsumgebung für alle Ebenen des Modellierungsprozesses zur Verfügung stellen, das heißt, sie unterstützt eine regelbasierte Beschreibung der Geschäftsprozesse und deren sukzessive Verfeinerung bis hin zur Spezifikation der Informationssysteme. Das Resultat besteht aus einer Menge strukturierter Regeln, die zusammen den Geschäftsprozess auf unterschiedlichen Abstraktionsebenen beschreiben. Dabei werden während des gesamten Modellierungsprozesses dieselben Konstrukte genutzt, die in Abhängigkeit von dem jeweiligen Abstraktionsgrad durch zusätzliche Konstrukte ergänzt werden können [KnEn00]. So sollte eine Modellierungsmethode eine möglichst einheitliche Modellierungsumgebung für alle Ebenen des Modellierungs- und Umsetzungsprozesses zur Verfügung stellen. Aber in vielen Unternehmen werden unterschiedliche Modellierungsmethoden eingesetzt, was zur Folge führt, dass diese Prozessmodelle in eine andere Beschreibungssprache transformiert werden.

„Von der Theorie her wäre es wünschenswert, ein völlig konsistentes Set aufeinander abgestimmter Modellierungsnotationen zu verwenden, mit dem alle relevanten Aspekte in jeder benötigten Detaillierungsstufe dargestellt werden können. Alle Inhalte würden dann prinzipiell nur an einer Stelle modelliert und jeder Beteiligte würde die gleiche Modellierungs-„Sprache" sprechen (allerdings mit der eingangs erläuterten Einschränkung, dass trotzdem ein unterschiedliches Verständnis existieren kann)" [SchJ05].

„In der Praxis lässt sich diese vollständige Durchgängigkeit nicht erreichen. Zwar existiert beispielsweise mit dem Sichten- und Ebenen-Konzept von ARIS ein Rahmenwerk zur Integration verschiedenen Notationen, doch ist diese Integration immer auch davon abhängig, inwieweit die verschiedenen Notationen sich auf die gleiche Konzepte beziehen und somit nahtlos zueinander passen" [SchJ05].

3.2. Geschäftsregelbasierte Modellierung mit ECAA-Notationen

Die Prozessmodellierung mit Geschäftsregeln basiert auf ECAA-Regeln. Durch die drei Komponenten Ereignis, Bedingung und Aktion ergibt sich eine Analogie zu den in aktiven Datenbanksystemen verwendeten ECA-Regeln. Um bei Nichteintreten einer Bedingung eine alternative Aktion ausführen zu können, wird das ECA-Konstrukt

um eine zweite Aktionskomponente erweitert. Damit können für einen Geschäftsprozess typischen Entscheidungsaktivitäten modelliert werden. Durch ECAA-Regeln
können die Prozesse einer Organisation beschrieben werden, indem eintretende Ereignisse Geschäftsregeln auslösen und dadurch Aktionen aktivieren, deren Ausführung wiederum zum Eintritt prozessrelevanter Ereignisse führt.
Liegt innerhalb einer Geschäftsregel keine Bedingung vor, so ist eine Modellierung
von EA-Regeln möglich, die einen Sonderfall der ECAA-Notation darstellen. Diese
Regeln beschreiben ein Ereignis, das bei seinem Eintreten direkt eine Aktion aktiviert. Diese drei Varianten sind in Abbildung 2 dargestellt.

ON	*Event*
IF	*Condition*
DO	*Action*
ELSE	*Alternative Action*

ON	*Event*
IF	*Condition*
DO	*Action*

ON	*Event*
DO	*Action*

Abb. 2 Geschäftsregeln in ECAA-, ECA- und EA-Notation

„Bei der Modellierung von Geschäftsregeln können Abgrenzungsprobleme zwischen
den einzelnen Regelkomponenten auftreten. So kann beispielsweise das Ereignis
Defektes Gerät kommt innerhalb der Garantiezeit zurück auch als Ereignis *Defektes
Gerät kommt zurück* und als Bedingung *Gerät ist in Garantiezeit* formuliert werden.
Eine genaue Abgrenzung der einzelnen Regelkomponenten zueinander ist daher
notwendige Voraussetzung für eine möglichst präzise Abbildung der Realität"
[KnEn00].

3.2.1. Ereignis

Ein Ereignis ist ein Phänomen, das durch sein Auftreten eine bestimmte Situation
beeinflusst, indem es den Übergang von einem betriebswirtschaftlich definierten Zustand in einen anderen bewirkt.
Es können zwei Typen von Ereignissen unterschieden werden:

- *Elementare Ereignisse:* Die diesem Typ zugehörenden Ereignisse lassen sich nicht weiter zerlegen. Das können daten-, zeit- oder benutzerbezogene Ereignisse sein.

- *Komplexe Ereignisse:* Diese Ereignisse werden durch die Anwendung von Operatoren auf Ereignisse spezifiziert und können entweder elementar oder wiederum komplex sein. Auch können Ereignisse durch den logischen Operator UND konjunktiv (Konjunktionsereignis) oder durch EXKLUSIV ODER bzw. ODER (Disjunktionsereignis) verknüpft werden.

Im Rahmen der regelbasierten Modellierung von Geschäftsprozessen erfüllen Ereignisse zwei Aufgaben:

- Auslösende Ereignisse starten die Ausführung einer oder mehrerer Geschäftsregeln. Ein Spezialfall kommt vor, wenn das Ereignis die erste Regel innerhalb einer Prozessregelkette auslöst. Das kann zum Beispiel prozessexternes oder prozessauslösendes Ereignis sein.

- Transitionsereignis signalisiert einen nach der Terminierung einer Geschäftsregel erreichten Zustand.

Das Ergebnis besteht aus einer Menge von Regeln, die den gesamten Geschäftsprozess auf unterschiedlichen Abstraktionsebenen repräsentieren. Zusammenfassend können die folgenden Kennzeichen von Ereignissen innerhalb der Informationsmodellierung dargestellt werden:

- Ereignisse können Regeln auslösen
- Geschäftsregeln werden durch Ereignisse aktiviert
- Ereignisse stellen den Übergang eines betrieblichen Zustands in einen anderen dar
- Ereignisse können sich auf Objekte des Datenmodells beziehen und können selbst Objekte des Datenmodells sein.

3.2.2. Bedingung

Eine Bedingung ist im regelbasierten Modellierungsansatz eine aktive Regelkomponente. Sie formuliert, in welchem Zustand sich der zu überprüfende Teil der modellierten Realität befinden muss, damit eine bestimmte Aktion ausgeführt wird. Ihre

Ausführung resultiert in einem Boolschen Wert (wahr/falsch). Ergibt eine Überprüfung der Bedingung den Wert "wahr", so wird die Aktion aus der THEN DO-Komponente ausgeführt, ist er „falsch", dann wird die Alternativ-Aktion der ELSE DO-Komponente ausgeführt. Analog zu der Ereigniskomponente wird auch hier zwischen elementaren und komplexen Bedingungen unterschieden.

3.2.3. Aktion

„Eine Aktion ist im regelbasierten Modellierungsansatz eine aktive Regelkomponente. Sie wird angestoßen, wenn ein Ereignis aufgetreten ist und die Bedingung der Regel zutrifft. Mit Hilfe von Aktionen werden durch physische oder geistige Aktivitäten zu verwirklichende Soll-Leistungen definiert" [Hohe00]. Diese wird durch einen Mensch und/oder eine Maschine durchgeführt.

Die Aktionskomponente ist die zweite aktive Komponente einer Geschäftsregel. Der Abschluss einer Aktion wird wiederum durch das Eintreten eines oder mehrerer prozessrelevanter Ereignisses charakterisiert.

3.3. Modellierung von Geschäftsregeln mit EPK

Die Ereignisgesteuerte Prozesskette wurde als Methode zur Prozessmodellierung im Rahmen der Architektur integrierter Informationssysteme (ARIS) unter Leitung von Prof. Scheer an der Universität Saarbrücken entwickelt. Innerhalb des ARIS-Hauses sind die EPK auf der Fachkonzeptebene der Steuerungssicht angesiedelt. Neben der Darstellung von Geschäftsprozessen bietet das ARIS-Haus auch die Möglichkeit, Daten, Funktionen und Organisationseinheiten als eigenständige Sichten zu beschreiben [SchJ96].

3.3.1.   Beschreibung und Struktur der EPK

In der Abbildung 3 sind einige der grundlegenden Symbole der Konstruktelemente der EPK aufgelistet und kurz erläutert.

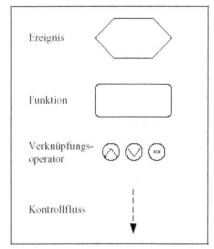

Ereignis: passive Komponente → repräsentiert einen eingetretenen Zustand. Ereignisse lösen Funktionen aus und sind deren Ergebnis.

Funktion: aktive Komponente in der EPK und führt etwas durch. Funktionen transformieren Input- in Outputdaten.

Verknüpfungsoperatoren (logische Konnektoren): zur Spezifikation nebenläufig auszuführender Teile eines Prozesses, zur Darstellung alternativer Prozessverläufe sowie Modellierung von Zyklen. Als Verknüpfungsoperatoren stehen die

Abb. 3 Konstruktelemente der EPK

Operatoren AND, OR und XOR (exklusives oder) zur Verfügung und beschreiben die logischen Verbindungen zwischen Ereignissen und Funktionen.

Der Kontrollfluss beschreibt die zeitlich sachlogiche Abhängigkeiten von Ereignis und Funktion bzw. Prozessen [SchA02].

3.3.2.   Eigenschaften

Für die Modellierung von EPKs gelten folgende Regeln:

- „Jede EPK beginnt mit mindestens einem Startereignis und endet in der Regel mit mindestens einem Endereignis, kann aber auch auf eine andere EPK verweisen. Prozesswegweiser verbinden verschiedene einzelne EPKs miteinander" [SchA02]. Als Beispiel für Startereignisse können Eintreten eines Auftrages oder einer Lieferung sein.

- Weder zwei Ereignisse noch zwei Funktionen dürfen unmittelbar aufeinander folgen.

- Im Unterschied zu den Verknüpfungsoperatoren besitzen Ereignisse und Funktionen jeweils nur genau einen ein- und genau einen ausgehenden Steuerfluss.

- Mit der Hilfe von AND-Verknüpfungyoperator kann ein Ereignis mehrere Funktionen auslösen, ist aber nicht erlaubt wenn OR- oder XOR-Operatoren angewendet werden.

In der Abbildung 4 sind beide nicht erlaubte Verknüpfungsarten dargestellt.

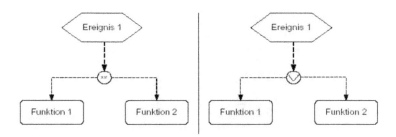

Abb. 4 Unzulässige Verknüpfungsarten in einem EPK

- Wird der Kontrollfluss durch einen Verknüpfungsoperator verzweigt, so muss dieser im weiteren Prozessverlauf auch durch einen Operator des gleichen Typs wieder geschlossen werden.

3.4. Beispielmodellierungen von Geschäftsregeln

Im Gegensatz zur EPK verfügt der ECAA-Ansatz über zwei aktive Modellierungselemente. Während die EPK nur die Funktion als aktives Element kennt, unterscheidet ECAA zwischen Funktionen zur Bedingungsprüfung und Funktionen zur Ausführung von Aktionen. Es stellt sich damit die Frage, auf welche Weise die durch ECAA gegebene erhöhte Ausdrucksmächtigkeit mit EPK abgebildet werden kann.

Die Modellierung einer Sequenz von Geschäftsregeln mittels EPK ist weitgehend trivial. Da eine Sequenz als eine Folge von EA-Regeln formuliert wird, kann sie direkt in das EPK transformiert werden, was man in der Abbildung 5 sehen kann.

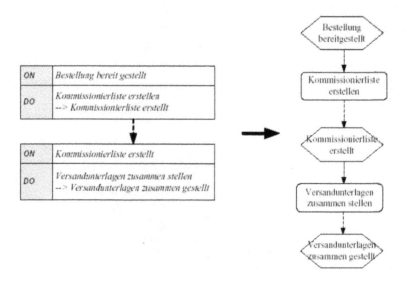

Abb. 5 Beispiel für die Modellierung einer EA-Sequenz in EPK

Bei der Modellierung einer Selektion von Geschäftsregeln mittels EPK ist der XOR-Verknüpfungsoperator bereits implizit in einer ECAA-Regel enthalten. Der Unterschied liegt daran, dass in der ECAA-Notation im Vergleich zu EPK keine Bedingung vorliegt (siehe Abbildung 6).

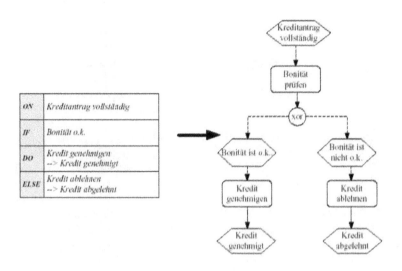

Abb. 6 Beispiel zur Modellierung einer ECAA-Regel mittels EPK

Bei der Formulierung einer ECA-Regel in der EPK besteht der einzige Unterschied zu der Modellierung von einer ECAA-Regel darin, dass ein Zweig der Regel in der EPK lediglich das Schluss-Ereignis der Bedingungsprüfung beinhaltet (siehe Abbildung 7).

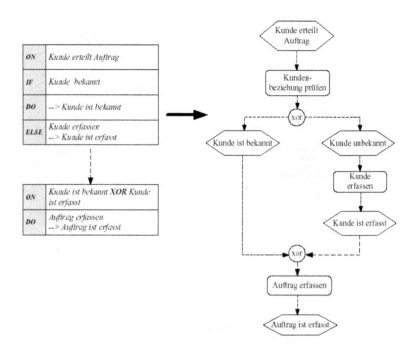

Abb. 7 Beispiel zur Modellierung einer ECA-Regel mittels EPK

4. Fazit und Ausblick

In dieser Arbeit wurden Modellierung von Geschäftsregeln mit ECAA-Notationen, mit EPK und deren Zusammenhänge im Bereich der Modellierung diskutiert. Als Grundlage dazu diente ein auf Geschäftsregeln basierender Modellierungsansatz. Im Zusammenhang mit den Methoden zur Prozessmodellierung wurde insbesondere die Integration in die EPK betrachtet. Damit kann die regelbasierte Modellierung in ein bestehendes Rahmenkonzept und in die damit verbundenen Vorgehensmodelle adaptiert werden. Es konnte gezeigt werden, dass die Modellierung prozessgesteuerter Regeln mit Hilfe der EPK durch verschiedene einfache Modellierungen möglich ist. Mithilfe der vorgestellten Konstrukte können Abläufe ganzer Prozesse geplant und gesteuert werden.

Die Möglichkeiten der Planung und Steuerung, die es im Produktionsbereich schon lange gibt, können mit diesen Elementen teilweise in den Büro- und Verwaltungsbereich übertragen werden. Damit sind neue Möglichkeiten für effizientere Geschäftsprozesse und eine bessere Planung und Steuerung der Abläufe sowie die Ermittlung von Engpässen auch im Büro- und Verwaltungsbereich gegeben.

Literaturverzeichnis

[BeRo95]
Becker, J. / Rosemann, M. / Schütte, R.: Grundsätze ordnungsgemässer Modellierung. In: Wirtschaftsinformatik 37 (1995) 5, S. 435-445.

[HeKn95]
Herbst, H. / Knolmayer, G.: Ansätze zur Klassifikation von Geschäftsregeln. In: Wirtschaftsinformatik 37 (1995) 2, S. 149-159.

[Hohe00]
Hoheisel, H.: Temporale Geschäftsprozessmodellierung. Wiesbaden, Deutscher Universitäts-Verlag 2000.

[KnEn00]
Knolmayer, G. / Endl, R. / Pfahrer, M.: Modeling Processes and Workflows by Business Rules. In: van der Aalst, W. / Oberweis, A. / Desel, J. (Hrsg): Business Process Management: Models, Techniques, and Empirical Studies. Berlin et al.: Springer 2000

[Riep92]
Rieper, B.: Betriebswirtschaftliche Entscheidungsmodelle – Grundlagen. Herne, Berlin 1992

[StEG97]
Stickel, Eberhard; Groffmann, Hans-Dieter; Rau, Karl-Heinz (Hrsg): Gabler Wirtschaftsinformatik-Lexikon, A-K. Wiesbaden 1997

[SchA99]
Schüll, Anke: Ein Meta-Modell-Konzept zur Analyse von Geschäftsprozessen. Lohmar, Köln 1999

[SchA02]
Schüll, Anke: Foliensammlung zur Vorlesung: Einführung in die Wirtschaftsinformatik, Teil A. Siegen WS 02/03

[SchJ96]
Scheer, A.-W. / Jost, W.: Geschäftsprozessmodellierung innerhalb einer Unternehmensarchitektur. In: G., V. / Becker, J. (Hrsg): Geschäftsprozessmodellierung und Workflow-Management - Modelle, Methoden, Werkzeuge. Bonn, Albany: Thomson 1996, S. 29-46.

[SchJ05]
Scheer, A.-W. / Jost, W.; Wagner, K.: Von Prozessmodellen zu lauffähigen Anwendungen. Springer, Berlin, Heidelberg 2005

[SchM06]
Schacher, Markus; Grässle, Patrik: Agile Unternehmen durch Business Rules. Heidelberg 2006

[Troi90]
Troitsch, K.G.: Modellbildung und Simulation in den Sozialwissenschaften. Opladen 1990

www.ingramcontent.com/pod-product-compliance
Lightning Source LLC
La Vergne TN
LVHW042313060326
832902LV00009B/1470